INSTRUCTION DU 20 AOUT 1907

RELATIVE A LA

PARTICIPATION DE L'ARMÉE

AU MAINTIEN DE L'ORDRE PUBLIC

PARIS

Henri CHARLES-LAVAUZELLE

Éditeur militaire

10, Rue Danton, Boulevard Saint-Germain, 118

—

(MÊME MAISON A LIMOGES)

INSTRUCTION DU 20 AOUT 1907

RELATIVE A LA

PARTICIPATION DE L'ARMÉE

AU MAINTIEN DE L'ORDRE PUBLIC

Paris, le 20 août 1907.

I

PRINCIPES GÉNÉRAUX

Art. 1er. — Le maintien de l'ordre sur le territoire de la République incombe à l'autorité civile.

Il est assuré par la police, la gendarmerie et, subsidiairement, par les troupes de ligne (1).

L'autorité militaire ne peut agir qu'en vertu d'une réquisition de l'autorité civile (2).

---

(1) Ces mots, dans le sens de la loi du 26 juillet-3 août 1791, d'où ils sont extraits, s'entendent des troupes de toutes armes.

(2) Art. 20 de la loi du 26 juillet-3 août 1791.

II

AUTORITÉS CIVILES QUI PEUVENT EXERCER LE DROIT DE RÉQUISITION

Art. 2. — Les autorités civiles qui sont en droit de faire des réquisitions de troupes de ligne, sont :

Les préfets, les sous-préfets, les maires, les adjoints aux maires, les procureurs généraux près les cours d'appel, les procureurs de la République près les tribunaux de première instance et leurs substituts, les présidents de cours ou de tribunaux, les juges d'instruction, les juges de paix et les commissaires de police (1).

Art. 3. — Les pouvoirs conférés par l'article précédent aux magistrats de l'ordre judiciaire civil, s'appliquent aux magistrats de la justice militaire, présidents des conseils de guerre, commissaires du gouvernement, rapporteurs et officiers de police judiciaire dans l'exercice de leurs fonctions.

Dans les cas urgents, les officiers et commandants de brigades de gendarmerie peuvent requérir directement l'assistance de la troupe qui est tenue de leur prêter mainforte.

Art. 4. — Les présidents du Sénat et de la Chambre des députés ont, au point de

---

(1) Art. 64 du décret du 4 octobre 1891.

vue des réquisitions, des droits spéciaux résultant de l'article 5 de la loi du 22 juillet 1879, ainsi conçu :

« Les présidents du Sénat et de la Chambre des députés sont chargés de veiller à la sûreté intérieure et extérieure de l'Assemblée qu'ils président.

» A cet effet, ils ont le droit de requérir la force armée et toutes les autorités dont ils jugent le concours nécessaire.

» Les réquisitions peuvent être adressées directement à tous les officiers, commandants ou fonctionnaires, qui sont tenus d'y obtempérer immédiatement sous les peines portées par les lois.

» Les présidents du Sénat et de la Chambre des députés peuvent déléguer leur droit de réquisition aux questeurs ou à l'un d'eux. »

Art. 5. — Les réquisitions ne peuvent être données et exécutées que dans la circonscription de celui qui les donne et de celui qui les exécute (1).

Art. 6. — Quand l'autorité militaire ne peut satisfaire à la fois aux réquisitions de plusieurs autorités civiles, elle obéit à celle qui émane de l'autorité hiérarchiquement la plus élevée (2). Si ces autorités sont de même rang, elle obéit à la réquisition

----

(1) Art. 19 de la loi du 26 juillet-3 août 1791.
(2) Art. 17 de la même loi.

qui lui paraît présenter le plus grand caractère d'urgence.

III

AUTORITÉS MILITAIRES SUSCEPTIBLES D'ÊTRE REQUISES

Art. 7. — Ces autorités sont :

Les chefs de poste et les commandants des gardes, piquets et patrouilles, dans les cas et conditions prévus par les articles 63 et 64 du décret du 4 octobre 1891 (1) ;

Les commandants d'armes, lorsque les troupes doivent agir sur place ou être employées dans un rayon maximum de 10 kilomètres de leur garnison;

Les généraux de brigade et de division commandant les subdivisions de région (2) :

Les généraux commandant les régions ou les gouvernements militaires de Paris et de Lyon;

Et, dans les cas d'urgence, tous autres commandants de la force publique.

IV

PRÉLIMINAIRES DE LA RÉQUISITION

Art. 8. — L'autorité civile est seule juge

------

(1) Art. 16 et 63 du décret du 4 octobre 1891.

(2) Art. 9 de la loi du 8-10 juillet 1791.

du moment où la force armée doit être requise.

Toutefois, elle a le devoir, sauf impossibilité absolue, dès que la tranquillité publique se trouve menacée, d'aviser de la situation, verbalement ou par écrit, par télégraphe ou téléphone, l'autorité militaire susceptible d'être requise, de la tenir au courant des phases diverses que présentent les événements et de lui fournir tous les éléments d'appréciation utiles pour que le secours qui sera requis puisse arriver en temps opportun et dans les conditions jugées nécessaires par l'autorité requérante.

Art. 9. — L'autorité militaire, à son tour, prépare les mesures d'exécution qui sont la conséquence de ces communications en signalant, s'il y a lieu, à l'autorité requérante les difficultés d'ordre matériel qui paraîtraient s'opposer à la réalisation complète de ces mesures.

Art. 10. — Afin d'éviter tout retard ou confusion, l'autorité civile ne fait connaître ses besoins qu'aux autorités militaires dénommées dans l'article 7. Elle ne doit s'adresser au ministre de la guerre ni directement ni par l'entremise du ministre de l'intérieur.

Art. 11. — Lorsque les autorités civiles et militaires jugent à propos de se réunir pour se concerter et qu'elles ne sont pas d'accord sur le lieu de réunion, elles se rencontrent de droit à la mairie si la réquisition émane d'un magistrat municipal, et, dans tous les autres cas (1), chez celui des représentants de l'une ou de l'autre autorité dont le rang est le plus élevé dans l'ordre des préséances.

V

FORME ET ENVOI DE LA RÉQUISITION

Art. 12. — Toute réquisition doit, sous peine d'être annulée, être faite par écrit, datée et signée et rédigée dans la forme ci-après (2) :

AU NOM DU PEUPLE FRANÇAIS :

« Nous   , requérons en vertu de la loi M   , commandant de prêter le secours des troupes de ligne nécessaire pour   (indiquer d'une façon claire et précise l'objet de la réquisition et l'étendue de la zone dans laquelle la surveillance doit être exercée).

» Et pour la garantie dudit commandant, nous apposons notre signature.

» Fait à   , le   .

(Signature.)

---

(1) Art. 17 de la loi du 26 juillet-3 août 1791.

(2) Art. 22 de la loi du 26-juillet-3 août 1791.

Art. 13. — Si la réquisition établie dans la forme ci-dessus n'est pas remise en mains propres au représentant de l'autorité requise, elle peut lui être adressée sous pli postal ou par télégramme officiel.

Sous quelque forme qu'elle soit reçue, elle est exécutoire dès sa réception. Toutefois, lorsqu'elle est adressée par voie télégraphique, elle doit être suivie d'une confirmation écrite par le plus prochain courrier.

Le chef militaire qui, avant d'avoir reçu cette confirmation, procède à l'exécution de la réquisition, est couvert par la présente instruction qui lui tiendra lieu d'ordre écrit.

Art. 14. — Indépendamment de la remise ou de l'envoi de la réquisition, l'autorité requérante peut adresser à l'autorité requise une communication écrite, télégraphique ou verbale lui faisant connaître ses appréciations personnelles sur les dispositions à prendre, notamment sur les points suivants :

Moment le plus favorable pour l'arrivée des troupes;

Points à occuper;

Modes d'accès de la troupe à ces points;

Conduite générale à tenir par la troupe à l'arrivée;

Effectifs et nature des troupes à employer.

VI

OBLIGATIONS RESPECTIVES DE L'AUTORITÉ REQUÉRANTE ET DE L'AUTORITÉ REQUISE

Art. 15. — L'autorité requise fait connaître d'urgence et par la voie la plus rapide à l'autorité requérante la date et l'heure auxquelles lui sera parvenu, soit l'écrit, soit le télégramme qui aura porté la réquisition à sa connaissance.

Art. 16. — Si la réquisition n'est pas faite dans les conditions indiquées aux articles 12 et 13, l'autorité militaire signale, par les voies les plus rapides, à l'autorité civile l'irrégularité qu'elle contient et lui notifie l'impossibilité dans laquelle elle se trouve d'y obtempérer en l'état.

Art. 17. — Si la réquisition est régulière en la forme, l'autorité militaire en assure l'exécution sans en discuter l'objet, ni la teneur (1). Elle procède à cette exécution sans en référer à l'autorité qui lui est hiérarchiquement supérieure et immédiatement après réception de l'écrit ou du télégramme qui constate la réquisition.

Art. 18. — Tant que dure l'effet de la réquisition, l'autorité militaire reste seule ju-

---

(1) Art. 9 du titre III de la loi du 8-10 juillet 1791.

ge des moyens de son exécution (1). Il lui appartient notamment de fixer définitivement les effectifs et la nature des troupes à employer. Elle les détermine en tenant compte des ressources dont elle peut disposer dans l'étendue de son commandement et dans celle de la zone de renforcement qui lui est attribuée par le ministre de la guerre.

Art. 19. — Toutefois, l'autorité militaire, en vue de maintenir la continuité de son entente avec l'autorité civile, assure l'exécution de la réquisition dans les conditions suivantes :

Au cours de la période de préparation, elle tient le plus grand compte possible des avis qui ont pu lui être donnés par l'autorité civile dans la communication mentionnée à l'article 14.

Au cours de la période d'exécution, elle doit, à moins de cas de force majeure, consulter l'autorité civile sur la convenance et l'opportunité des moyens d'action qu'elle se propose d'employer (2).

Art. 20. — De son côté, l'autorité civile doit transmettre à l'autorité militaire toutes

---

(1) Art. 17 du titre III de la loi du 8-10 juillet 1791 et art. 23 de la loi du 26 juillet-3 août 1791.

(2) Art. 9 du titre III de la loi du 8-10 juillet 1791, et art. 16 du même titre de la même loi.

les informations de nature à l'intéresser et se tenir constamment prête à répondre aux demandes d'avis qui peuvent lui être adressées.

Art. 21. — Les représentants des autorités civile et militaire, sur l'initiative de l'un d'eux, ont toujours la faculté de se réunir en vue de délibérer sur les difficultés qui peuvent se présenter en cours d'exécution (1).

D'une façon générale, il leur est expressément recommandé de se pénétrer constamment de cette pensée qu'ils ont pour devoir supérieur de s'unir et de s'aider en vue d'assurer le maintien de l'ordre public, et ne s'inspirer que des intérêts généraux dont la charge leur est confiée.

Art. 22. — Dans tous les cas, soit que des circonstances imprévues viennent à modifier l'objet primitif de la réquisition, soit qu'un désaccord vienne à se produire sur son interprétation et sa portée, l'autorité requérante peut toujours substituer une réquisition nouvelle à la réquisition primitive.

VII

DE L'USAGE DES ARMES

Art. 23. — Conformément à l'article 25 de

(1) Art. 16 du titre III de la loi du 8-10 juillet 1791.

la loi du 3 août 1791, les troupes requises font usage de leurs armes dans les cas suivants :

1º Si des violences ou voies de fait sont exercées contre elles;

2º Si elles ne peuvent défendre autrement le terrain qu'elles occupent ou les postes dont elles sont chargées.

Dans tous les autres cas, elles ne peuvent agir que sur la réquisition de l'autorité civile.

En cas d'attroupement sur la voie publique, s'il n'y a pas d'officier civil sur les lieux, le commandant de la troupe doit aviser immédiatement l'officier civil le plus voisin, et l'on procède ensuite conformément à l'article 3 de la loi du 7 juin 1848, lequel est ainsi conçu :

« Lorsqu'un attroupement armé ou non armé se sera formé sur la voie publique, le maire ou l'un de ses adjoints, à leur défaut le commissaire de police ou tout autre agent ou dépositaire de la force publique et du pouvoir exécutif, portant l'écharpe tricolore, se rendra sur les lieux de l'attroupement.

» Un roulement de tambour (1) annoncera l'arrivée du magistrat.

____

(1) Si la troupe n'a pas de tambour, le roulement de tambour peut être remplacé par une sonnerie de « garde à vous ».

» Si l'attroupement est armé, le magistrat lui fera sommation de se dissoudre et de se retirer.

» Cette première sommation restant sans effet, une seconde sommation, précédée d'un roulement de tambour (1), sera faite par le magistrat.

» En cas de résistance, l'attroupement sera dissipé par la force.

» Si l'attroupement est sans armes, le magistrat, après le premier roulement de tambour (2), exhortera les citoyens à se disperser. S'ils ne se retirent pas, trois sommations seront successivement faites.

» En cas de résistance, l'attroupement sera dissipé par la force. »

Mais si la force armée en présence de l'attroupement se trouve dans l'un des deux premiers cas prévus par le présent article, elle fera usage de ses armes encore bien que les formes prescrites par l'article 3 de la loi du 7 juin 1848 n'aient pu être observées. Néanmoins, le commandant de la troupe, lorsque la soudaineté de l'attaque ne lui en enlèvera pas les moyens, devra avertir les assaillants soit par un ou plusieurs roulements de tambour, soit par une ou plusieurs sonneries de « garde à vous », soit par des avis répétés à haute voix que l'emploi des armes va être ordonné.

---

(1) Voir la note 1 de la page précédente.
(2) *Ibid.*

Avant d'agir, il laissera s'écouler autant de temps que le permettra la sécurité de sa troupe ou la conservation des postes confiés à son honneur militaire.

VIII

FIN DE LA RÉQUISITION

Art. 24. — Le concours des troupes ne prend fin que lorsque l'autorité requérante a notifié à l'autorité requise, par écrit ou par télégramme officiel, la levée de sa réquisition.

Lorsque sa mission est ainsi terminée, le commandant des troupes accuse réception à l'autorité requérante de la levée de sa réquisition et informe ses chefs hiérarchiques.

IX

SANCTIONS

Art. 25. — Les responsabilités des autorités des divers ordres dans les réquisitions sont définies par les articles suivants du code pénal.

A. — *Dispositions applicables aux autorités civiles qui adressent la réquisition.*

« Art. 114. — Lorsqu'un fonctionnaire public, un agent ou un préposé du gouvernement aura ordonné ou fait quelque acte arbitraire, ou attentatoire soit à la liberté individuelle, soit aux droits civiques d'un ou de plusieurs citoyens, soit à la charte, il sera condamné à la dégradation civique.

» Si néanmoins il justifie qu'il a agi par ordre de ses supérieurs pour des objets du ressort de ceux-ci, sur lesquels il leur était dû obéissance hiérarchique, il sera exempt de la peine, laquelle sera, dans ce cas, appliquée seulement aux supérieurs qui auront donné l'ordre. »

« Art. 188. — Tout fonctionnaire public, agent ou préposé du gouvernement, de quelque état et grade qu'il soit, qui aura requis ou ordonné, fait requérir ou ordonner l'action ou l'emploi de la force publique contre l'exécution d'une loi ou contre la perception d'une contribution légale, ou contre l'exécution, soit d'une ordonnance ou mandat de justice, soit de tout ordre émané de l'autorité légitime, sera puni de la réclusion. »

« Art. 189. — Si cette réquisition ou cet ordre ont été suivis de leur effet, la peine sera le maximum de la réclusion. »

« Art. 190. — Les peines énoncées aux articles 188 et 189 ne cesseront d'être applicables aux fonctionnaires ou préposés qui auraient agi par ordre de leurs supérieurs, qu'autant que cet ordre aura été donné par ceux-ci pour des objets de leur ressort, et sur lesquels il leur est dû obéissance hiérarchique; dans ce cas, les peines portées ci-dessus ne seront appliquées qu'aux supérieurs qui les premiers auront donné cet ordre. »

« Art. 191. — Si, par suite desdits ordres ou réquisitions, il survient d'autres crimes punissables de peines plus fortes que celles exprimées aux articles 188 et 189, ces peines plus fortes seront appliquées aux fonctionnaires, agents ou préposés coupables d'avoir donné lesdits ordres ou fait lesdites réquisitions. »

B. — *Dispositions applicables aux autorités militaires qui assurent l'exécution de la réquisition.*

« Art. 234. — Tout commandant, tout officier ou sous-officier de la force publique qui, après en avoir été légalement requis par l'autorité civile, aura refusé de faire agir la force sous ses ordres, sera puni d'un emprisonnement d'un mois à trois mois, sans préjudice des réparations civiles qui pourraient être dues aux termes de l'article 10 du présent code. »

L'article 234 du code pénal s'applique aux autorités militaires qui ont été saisies directement d'une réquisition.

Quant à celles qui ont reçu d'une autorité militaire supérieure des ordres relatifs à l'exécution d'une réquisition et qui ne se sont pas conformées à ces ordres, elles sont passibles de l'article 218 du code de justice militaire.

X

RÉQUISITIONS INDIVIDUELLES

Art. 26. — En vertu de l'article 106 du code d'instruction criminelle, tout dépositaire de la force publique, et par conséquent tout militaire, est en état de réquisition légale et permanente, sans qu'il soit besoin d'une réquisition écrite de l'autorité civile, lorsqu'en cas de crimes ou de délits flagrants, il s'agit de s'assurer de la personne du prévenu.

En conséquence, et conformément à l'article 168 du décret du 4 octobre 1891, tout militaire en uniforme doit prêter spontanément main forte, même au péril de sa vie, à la gendarmerie, ainsi qu'aux autres agents de l'autorité, lorsque ceux-ci sont en uniforme ou revêtus de leurs insignes.

En outre, s'il n'y a pas d'officier de police présent sur les lieux, tout militaire doit se saisir du malfaiteur et le remettre à la gendarmerie ou à l'autorité de police la plus voisine.

XI

DISPOSITIONS GÉNÉRALES

Art. 27. — Sont abrogées toutes les instructions et circulaires contraires à la présente instruction, notamment l'instruction du 24 juin 1903, sauf les articles 16 à 19 de cette dernière instruction (1).

Le président du conseil,
ministre de l'intérieur,
G. CLEMENCEAU.

Le garde des sceaux,
ministre de la justice,
ED. GUYOT-DESSAIGNE.

Le ministre de la guerre,
G. PICQUART.

---

(1) *Recommandations spéciales.*

Art. 16. — Conformément à l'article 18 du décret du 4 octobre 1891, des instructions écrites, préparées par les commandants d'armes et approuvées par le commandant de la région, doivent être données à l'avance, dans chaque place, en prévision des réquisitions de l'autorité civile pour le cas de troubles intérieurs.

Des plans d'ensemble peuvent être aussi préparés par les commandants des régions, avec l'approbation du ministre, ou peuvent être prescrits par le ministre de la guerre, s'il y a lieu, après accord avec les autres ministres intéressés, en vue de certaines éventualités d'un caractère général ou d'une gravité particulière.

Art. 17. — En dehors des cas où la réquisition peut être exécutée par la simple mise

Circulaire pour l'application de l'instruction du 20 août 1907 relative à la participation de l'armée au maintien de l'ordre public.

Paris, le 31 août 1907.

Le ministre de la guerre,

à MM. les gouverneurs militaires de Paris et de Lyon, les généraux commandant les corps d'armée de 1 à 18 et 20.

Une instruction, en date du 20 août 1907, sur la participation de l'armée au maintien de l'ordre public, sanctionnée par les ministres de l'intérieur, de la justice et de la

en jeu des mesures préparées à l'avance, l'autorité militaire, saisie d'une réquisition, doit choisir les troupes à y employer parmi celles qui conviennent le mieux à son objet.

S'il s'agit d'une émeute, il sera généralement préférable de faire intervenir la cavalerie et l'on devra tout au moins faire appuyer l'infanterie par quelques troupes à cheval (cavalerie, gendarmerie, ou, à défaut, artillerie).

S'il y a des obstacles matériels à briser, des ouvriers d'art des corps ou des détachements du génie ou d'artillerie seront adjoints aux troupes; même dans certains cas, des soldats sans fusil, mais néanmoins guerre, est insérée au *Journal officiel* de ce jour.

---

toujours munis de leur épée-baïonnètte, pourront être commandés pour marcher en seconde ligne.

On évitera toujours de placer de faibles effectifs en présence d'agglomérations nombreuses.

Toute troupe appelée à marcher pour une réquisition doit être pourvue d'un tambour ou d'un clairon; les cartouches sont emportées, à moins d'ordre contraire donné par l'autorité militaire qui a reçu la réquisition.

Art. 18. — En principe, tout détachement de troupe, désigné pour l'exécution d'une réquisition, doit être commandé par un officier.

Tout officier désigné pour ce service doit, aux qualités d'énergie et de sang-froid indispensables à l'emploi d'une troupe dans ces circonstances délicates, joindre le tact nécessaire dans les rapports avec les autorités civiles, et doit veiller avec soin à ce qu'il ne soit porté aucune atteinte à la dignité en même temps qu'au prestige de la force armée dont il a la direction.

Art. 19. — Dans l'exécution des réquisitions, les troupes requises doivent avoir pour règle de se renfermer exactement dans le mandat tracé par la réquisition et d'agir ouvertement, comme il convient à leur caractère.

Le commandant des troupes doit éviter,

Cette instruction, qui abroge les prescriptions antérieures en la matière et notamment l'instruction du 24 juin 1903, réglera désormais les rapports entre les autorités civiles et militaires, pour tout ce qui concerne la réquisition de la force armée.

J'ai l'honneur d'appeler tout particulièrement votre attention sur les articles 1, 8,

---

autant que possible, tout contact des troupes avec la population.

Il ne doit accepter que des cantonnements suffisamment resserrés et à l'abri d'une surprise. Il doit interdire aux militaires de tout grade l'entrée des lieux publics fréquentés par les perturbateurs ou les manifestants, ainsi que toute acceptation d'invitation chez les habitants.

Lorsqu'un conflit est à prévoir, il est indispensable qu'un représentant de l'autorité civile se trouve avec la troupe pour procéder aux arrestations et pour faire, s'il y a lieu, les sommations prescrites par la loi.

A défaut de représentants de l'autorité civile, les troupes doivent être assistées de la gendarmerie, pour que celle-ci procède aux arrestations; mais la gendarmerie n'ayant pas qualité pour faire, le cas échéant, les sommations légales, le commandant de la troupe ne doit pas appliquer l'article 3 de la loi du 7 juin 1848, sans la présence d'un magistrat civil.

9, 13, 14, 16, 17, 18, 19, 21, 22 et 24 de l'instruction précitée.

Art. 1er. — Cet article pose le principe de la responsabilité de l'autorité civile en ce qui concerne le maintien de l'ordre et l'exécution des lois.

L'autorité civile et plus particulièrement l'autorité administrative en contact permanent avec les populations et leurs mandataires élus, connaissant leurs tendances, tenue au courant de leur état d'esprit, jugeant sur place des nécessités d'une situation, est nettement qualifiée pour déterminer soit de sa propre initiative, soit d'après les instructions du ministre de l'intérieur, les moyens les plus convenables à employer pour garantir la sécurité des citoyens et assurer le respect des lois.

Comme conséquence, cette autorité doit pouvoir non seulement user des droits que lui confèrent les lois des 10 juillet et 3 août 1791 en matière de réquisition de la force armée, mais il doit lui être possible d'intervenir par une entente étroite avec l'autorité militaire et, au besoin, par l'usage de réquisitions nouvelles dans la direction générale à donner à cette force, afin de faire converger les effets de tous vers le but qu'elle a mission de remplir.

Telle est la pensée directrice de l'instruction du 20 août 1907.

Art. 8 et 9. — Dès que des troubles éclatent dans une localité ou dans une région, l'autorité civile doit se mettre en communication avec l'autorité militaire et la tenir au courant de la situation. De son côté, l'autorité militaire doit ne pas hésiter à provoquer elle-même cet échange de vues afin d'être toujours prête à tout événement. Le concours absolu que doivent se prêter les deux autorités est la condition nécessaire de la rapidité d'exécution d'une réquisition.

Art. 13. — L'instruction innove en matière d'envoi de réquisition sous forme télégraphique exécutoire sans attendre la confirmation écrite.

Art. 14. — L'exposé des appréciations personnelles de l'autorité requérante sur les dispositions à prendre qui peut être joint à la réquisition est également une amélioration apportée aux. errements anciens, et apparaît comme une conséquence de la responsabilité de l'autorité civile.

Art. 16. — La réception d'une réquisition irrégulière ne doit pas empêcher l'autorité militaire de préparer l'exécution de cette réquisition; mais elle ne l'exécute que lorsque l'autorité civile informée de l'irrégularité a fait disparaître cette dernière.

Art. 17. — Les autorités visées à l'article 7 ne doivent pas perdre de vue qu'elles ont une responsabilité personnelle; elles doivent, par suite, exécuter les réquisitions qu'elles reçoivent, dans la limite de leurs attributions propres, sans se croire tenues d'en référer à leurs supérieurs hiérarchiques pour obtenir une autorisation d'exécution.

Art. 18. — La question de la fixation des effectifs à employer au maintien de l'ordre est une prérogative exclusive de l'autorité militaire. En raison des difficultés de l'instruction et des obligations de tous ordres auxquels l'armée a à satisfaire, il y a lieu d'examiner avec soin dans chaque cas particulier les moyens les plus convenables à employer pour n'utiliser la troupe qu'avec la plus grande parcimonie.

Les appréciations de l'autorité requérante aussi bien sur les armes à employer que sur les effectifs ne sauraient engager en rien l'autorité requise. C'est surtout par une habile disposition des forces, par l'emploi de réserves, par un service de renseignements bien fait et par des communications rapides entre les différents points du territoire troublé permettant de porter son effort tantôt d'un côté, tantôt de l'autre qu'on arrivera la plupart du temps à éviter des agglomérations de troupes hors de proportion avec le but à atteindre.

Les autorités militaires ne devront pas oublier qu'en raison de l'intérêt général de l'armée, elles ne disposeront en principe que des troupes sous leurs ordres et de celles que je pourrai mettre à leur disposition à titre de renforcement dans les conditions que je vous ferai connaître ultérieurement.

Art. 19. — Dans la période de préparation, qui s'étend entre le moment où les troubles éclatent et celui où la troupe quitte la caserne ou la garnison après réquisition, l'autorité requise doit donner aux appréciations de l'autorité civile formulées en vertu de l'article 14 une satisfaction d'autant plus complète que cette autorité étant sur les lieux est plus à même qu'elle de se rendre compte des premiers besoins à satisfaire.

Si l'autorité requérante ne joint pas à la réquisition l'exposé de ses appréciations, l'autorité militaire doit en provoquer l'envoi et agir au besoin sous sa responsabilité en s'inspirant des circonstances et du but à atteindre.

Dans la période d'exécution, qui comprend tout le temps où la troupe se trouve sur le territoire troublé, le concours entre les autorités civiles et militaires doit être plus étroit que jamais. La troupe ne doit jamais être mise à la disposition de l'autorité civile, mais son action doit être concertée entre le commandant des troupes et l'autorité civile ou ses représentants par la raison qu'ils doivent souvent être subordonnés à l'état d'esprit des populations ou à certaines autres considérations que l'autorité civile est plus à même d'apprécier, considérations qui découleront souvent de ses renseignements personnels ou des ordres ou directives qu'elle peut recevoir du gouvernement.

Art. 21. — Je ne saurais trop insister

sur les prescriptions de cet article. Il faut qu'à tous les degrés de la hiérarchie, chacun s'inspire du but à atteindre et qu'il y contribue de toutes ses forces en mettant de côté toute question d'amour-propre qui ne saurait trouver place dans l'exécution d'un devoir souvent pénible à remplir pour tous.

Art. 22. — Cet article est la conséquence des principes posés par l'article 1er. Il rappelle l'exercice du droit que l'autorité civile tient de la loi de 1791 et permet ainsi à l'autorité militaire, quelle qu'elle soit, couverte par une réquisition nette et précise visant un objet déterminé, de dégager sa responsabilité.

Art. 24. — Lorsque l'autorité civile a levé la réquisition, il appartient à l'autorité militaire exclusivement d'assurer la dislocation des troupes réunies pour le maintien de l'ordre, dans les conditions déterminées par les règlements en vigueur.

J'attache le plus grand prix à ce que l'instruction du 20 août 1907 et les indications qui précèdent, qui sont de nature à en préciser la portée, soient connues des officiers à tous les degrés de la hiérarchie.

Les généraux et chefs de corps devront s'assurer de l'exécution de cette prescription à laquelle vous voudrez veiller personnellement.

G. Picquart.

Paris et Limoges. — Imp. et lib. milit. H. CHARLES-LAVAUZELLE

Paris et Limoges. — Imp. milit. Henri CHARLES-LAVAUZELLE.